VELVETEEN, UN CONEJITO DE PANA, ANHELA SER REAL.
Compartiendo la cama con su dueño, un niño, enfrenta innumerables aventuras y el desgaste del tiempo con un amor inquebrantable. Aunque deslucido, para el niño, Velveteen trasciende su condición de juguete. La magia ocurre cuando un hada le da vida, cambiando su destino de ser un juguete olvidado.

VALORES IMPLÍCITOS:
Mediante este cuento, se transmiten importantes valores como el amor, la paciencia y la aceptación. A través de las interacciones del conejito con otros juguetes y su lucha por ser «real», se destaca que el amor verdadero y la amistad no dependen de la apariencia externa, sino de las emociones y experiencias compartidas.

Cuentos para alargar-la-vida

Velveteen, el conejito de pana

© del texto: Margery Williams
© de la traducción: Aki Obarrio
© de las ilustraciones: Inu Barreto
© del diseño y corrección: Equipo BABIDI-BÚ

© de esta edición:
Editorial BABIDI-BÚ, 2024
Avda. San Francisco Javier, 9, 6ª, 23
Edificio Sevilla 2
41018 - SEVILLA
Tlfn: 912.665.684
info@babidibulibros.com
www.babidibulibros.com

Impreso en España
Primera edición: octubre, 2024

ISBN: 978-84-10412-53-8
Depósito Legal: SE 1878-2024

VELVETEEN, EL CONEJITO DE PANA

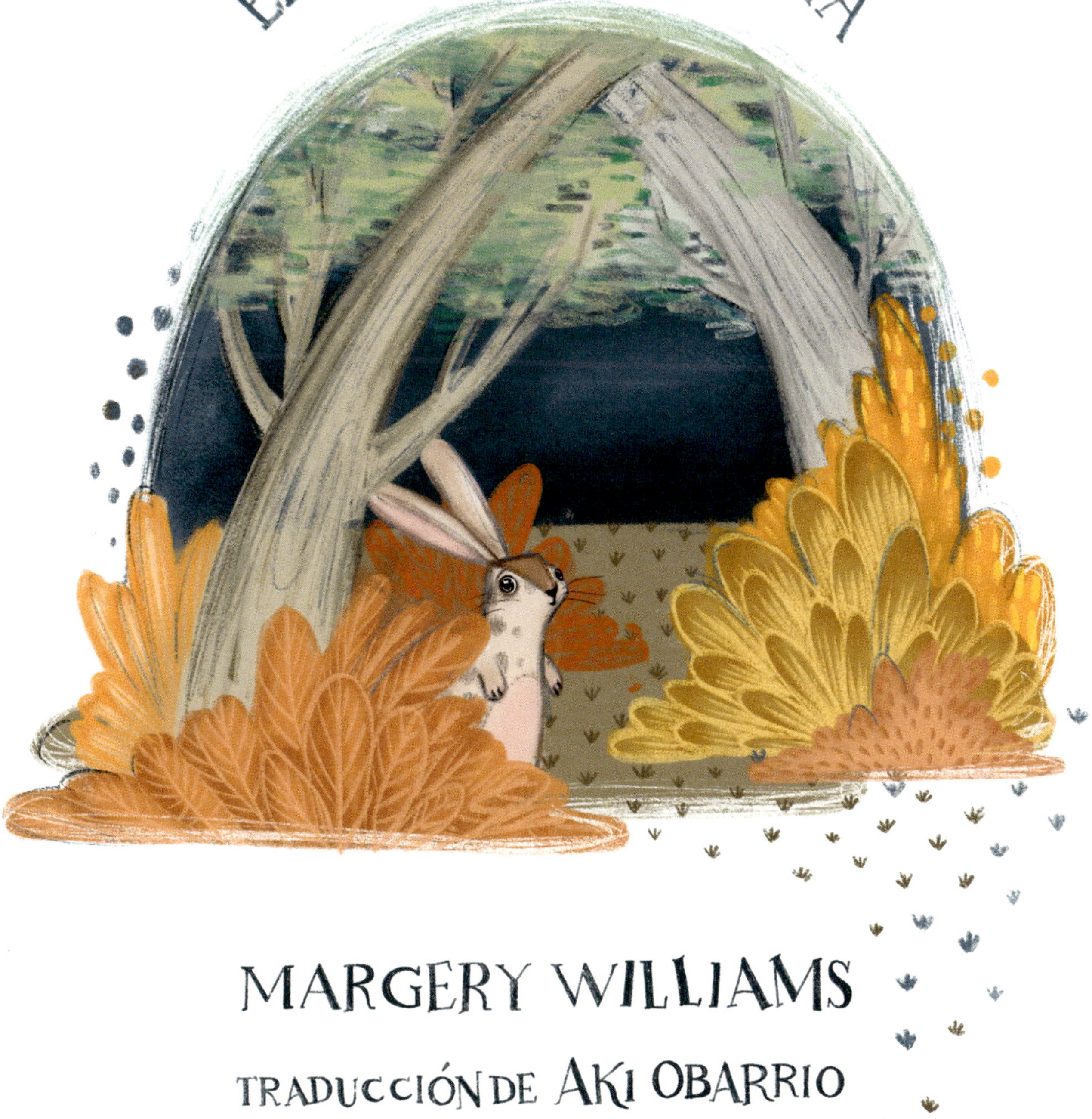

MARGERY WILLIAMS

TRADUCCIÓN DE AKI OBARRIO

ILUSTRACIÓN INU BARRETO

A Titín, Mona, Pipa y Tuti.

Había una vez un conejito de pana llamado Velveteen, que al principio era precioso: bien gordito y pomposo, como deben ser los conejos. Tenía motas marrones y blancas en el pelaje, los bigotes eran de hilo verdadero y las orejas estaban forradas en satén de color rosa. Aquella mañana de Navidad, la imagen del conejito dentro del calcetín con la rama de muérdago entre las patas era encantadora.

En el calcetín había aún más cosas: nueces y naranjas, un juguete a motor, almendras con chocolate y un ratón a cuerda. Pero el conejito era el mejor. El niño lo amó durante al menos dos horas, pero luego las tías y los tíos llegaron a cenar, y con el crujir de los paquetes y la excitación de ver los regalos nuevos, el pequeño se olvidó del conejo de pana.

Velveteen vivió durante mucho tiempo en el armario de los juguetes o en el suelo y nadie le prestaba atención. Era tímido por naturaleza, y como solo estaba hecho de pana, algunos de los juguetes costosos lo desdeñaban. Los muñecos mecánicos se creían superiores y miraban al resto por encima del hombro; estaban repletos de ideas modernas y actuaban como si fueran reales.

El bote de miniatura, que vivió durante dos temporadas y había perdido la mayor parte de la pintura, los imitaba y jamás perdía la oportunidad de referirse a su aparejo con palabras técnicas. Velveteen no podía alegar ser modelo de nada porque no sabía que los conejos reales existían; él creía que todos estaban rellenos de aserrín al igual que él, y pensaba que ese material estaba fuera de moda y no debía mencionarse entre la gente moderna. Incluso Timothy, el león de madera fabricado por soldados discapacitados, que debería haber tenido una mentalidad más abierta, se daba aires de superioridad y pretendía tener conexiones con el gobierno. El pobre conejito se sentía insignificante y vulgar entre ellos; el único que fue amable con él fue Skin Horse, el caballo de piel.

Él había vivido más tiempo que el resto en la habitación del niño y era tan viejo que su pelaje tenía agujeros y se le veían las costuras, y casi no le quedaban pelos en la cola porque se los habían arrancado para hacer collares de cuentas. Era sabio ya que había visto llegar a muchos juguetes mecánicos que alardeaban y fanfarroneaban, pero a los que al rato se les rompían los resortes y no lograban sobrevivir; él sabía que no eran más que juguetes y que nunca serían otra cosa porque la magia de los juguetes era extraña y maravillosa, y solo aquellos que eran viejos, sabios y experimentados, como lo era Skin Horse, podían comprenderla.

—¿Qué significa la palabra «real»? —preguntó Velveteen un día, cuando estaban lado a lado sentados junto al chispero de la chimenea en la habitación del niño, justo antes de que Nana viniera a ordenarla—. ¿Acaso es tener cosas que zumban dentro o que sobresalga algún mango?

—Ser real no depende de lo que estás hecho —le contestó Skin Horse—. Es algo que te sucede. Cuando un niño te ama durante mucho, mucho tiempo, es decir, no solo juega contigo, sino que verdaderamente te ama, entonces te conviertes en real.

—¿Duele? —preguntó el conejito de pana.

—A veces —contestó Skin Horse, que siempre era honesto—. Aunque, cuando eres real, no te importa que te lastimen.

—¿Y sucede de un momento a otro, como si te dieran cuerda? ¿O poco a poco?

—No sucede de golpe, sino que te conviertes. Toma mucho tiempo. Es por eso que no les ocurre a los que se rompen fácilmente o a los que tienen bordes afilados o a los que hay que cuidarlos mucho. Por lo general, para el momento en que eres real, ya has perdido todo el pelo de tanto amor que te dieron, y se te saltan los ojos y sueltan las articulaciones y quedas todo destartalado, pero nada de eso te importa porque una vez que eres real no puedes ser feo, salvo para aquellas personas que no comprenden.

—Supongo que tú eres real —dijo Velveteen, y al instante deseó no haberlo hecho porque pensó que lo había lastimado. Pero Skin Horse simplemente sonrió.

—El tío del niño me hizo real —dijo—. Eso fue hace muchos años. Pero una vez que eres real, no puedes dejar de serlo: dura para siempre.

El conejito suspiró pensando que sería largo el tiempo que tendría que pasar para vivir esa magia llamada «real». Anhelaba esa transformación, saber cómo se sentiría; pero, a pesar de eso, la idea de envejecer y de perder los ojos y los bigotes lo entristecía un poco. Quería ser real sin tener que sufrir las incomodidades.

Esa noche, y varias noches después, el juguete de pana durmió en la cama con el pequeño. Al principio le incomodaba porque lo abrazaba muy fuerte y a veces lo aplastaba, y otras lo metía debajo de la almohada y casi no podía respirar. Extrañaba también aquellas largas horas a la luz de la luna cuando la casa estaba en silencio y sus charlas con Skin Horse. Sin embargo, al poco tiempo le empezó a gustar su nueva vida porque el niño le conversaba y le hacía túneles bajo las sábanas que decía que eran como las madrigueras en las que vivían los conejos de verdad. Y, en susurros, cuando Nana se iba a cenar y dejaba la luz de noche prendida en la repisa, jugaban divertidos hasta que el niño se quedaba dormido; entonces el conejito se acurrucaba cerca de su pequeño y cálido mentón y, envuelto en sus manos, soñaba durante toda la noche.

El tiempo transcurrió y Velveteen estaba feliz, tanto que jamás notó que su piel de pana se gastaba cada vez más, se le descosía la cola y el rosa de la nariz casi no se veía por la cantidad de besos que el niño le había dado.

Al llegar la primavera pasaban largos días en el jardín, ya que adonde fuera el niño, el conejito de pana iba también. Lo paseaba en la carretilla, hacían pícnics en el pasto y le armaba casitas bajo las cañas de frambuesas que estaban detrás del cantero. Una vez, cuando al niño lo habían llamado de un momento a otro para ir a tomar el té, el conejito quedó solo en el césped hasta bien entrada la noche y Nana debió ir a buscarlo con la linterna porque el niño no podía dormir si el muñeco no lo acompañaba. Estaba empapado por el rocío y embarrado por haber jugado en las madrigueras que el niño le había hecho entre las flores, y mientras lo frotaba con el borde de su delantal, Nana refunfuñaba:

—¡Así que no puedes estar sin tu viejo conejito! ¡Tanto lío por un juguete!

El niño se sentó en la cama y estiró los brazos.

—¡Quiero mi conejito! —dijo—. ¡No digas eso, no es un juguete! ¡Es real!

Velveteen se puso feliz al escucharlo porque al fin había sucedido lo que le había dicho Skin Horse. La magia de los juguetes había actuado. Era real. El niño lo había dicho.

Esa noche no pudo dormir de felicidad y su pequeño corazón de aserrín estuvo al borde de estallar conmovido por tanto amor. Y de sus ojos de botones, que hacía tiempo habían perdido su brillo, brotó tal mirada de sabiduría y belleza que hasta lo notó Nana la mañana siguiente al levantarlo del suelo, cuando entonces exclamó:

—Este conejo viejo sí que parece sabio.

Había una persona llamada Nana que era quien mandaba en la habitación del niño. A veces ni se percataba de que había juguetes tirados por todas partes, y otras, sin ninguna razón en particular, arrasaba como un vendaval y los revoleaba dentro del armario. Decía que eso era «ordenar» y los juguetes lo odiaban, sobre todo los que estaban hechos de latón. A Velveteen no le importaba demasiado porque siempre caía con suavidad.

Una noche, el niño se fue a acostar y no podía encontrar el perro con el que siempre dormía. Nana estaba apurada y pensaba que buscar perritos de felpa a esa hora era demasiada molestia; entonces, miró a su alrededor y, al ver que el armario de los juguetes estaba con la puerta abierta, tanteó al azar.

—Aquí —dijo—, toma tu viejo conejito. ¡Con este dormirás bien!

Y de una oreja arrastró a Velveteen y lo puso en los brazos del niño.

¡Aquel fue un verano maravilloso!

Cerca de la casa donde vivían había un bosque y en las largas tardes de junio al niño le gustaba ir allí a jugar después de la hora del té. Llevaba con él a Velveteen, y antes de ir a juntar flores o jugar a los forajidos entre los árboles, le armaba una guarida bien acogedora entre los helechos; era un niño de buen corazón y le gustaba que su amigo estuviera cómodo.

Una tarde, cuando el conejito estaba solo allí viendo cómo las hormigas caminaban de un lado al otro sobre sus patitas de pana, vio que dos seres extraños salieron de los helechos.

Eran conejos también, pero bastante peludos y nuevos. Seguro que estaban confeccionados a la perfección porque no se les veían las costuras y, cuando se movían, cambiaban de forma de manera extraña: en vez de quedarse siempre igual, como él, eran largos y flacos, y al minuto siguiente, gordos y rellenitos. Sus pisadas eran suaves y se arrastraron frunciendo la nariz hasta casi alcanzarlo.

Velveteen los miraba con atención para ver de qué lado estaba la cuerda, porque sabía que aquellos muñecos que saltaban, por lo general, tenían algo que los hacía funcionar. Pero no encontró nada. Evidentemente, era un tipo de conejo que no conocía.

Con las narices todavía arrugadas, los otros dos lo miraron, y el conejito de pana hizo lo mismo.

—¿Por qué no te levantas y vienes a jugar con nosotros? —le preguntó uno.

—No tengo ganas —contestó Velveteen. No quería explicarles que no tenía cuerda.

—¡Eh! —exclamó el más peludo—. Es facilísimo. —Luego dio un gran salto hacia un lado y se paró sobre sus patas traseras—. ¡A que no puedes!

—¡Sí que puedo! —sostuvo el conejito de pana—. ¡Puedo saltar más alto que nadie! —se refería a cuando el niño lo arrojaba al aire, pero no quería confesarlo.

—¿Puedes saltar sobre tus patas traseras? —preguntó el conejo peludo.

Era una pregunta terrible porque Velveteen no tenía patas traseras, sino que estaba hecho todo de una pieza, como esas almohadillas para pinchar los alfileres. Se mantuvo sentado inmóvil en el helecho y deseó que los otros conejos no lo notaran.

—¡No quiero hacerlo! —repitió.

Pero los conejos silvestres tenían una vista magnífica y uno de ellos estiró el cuello para ver mejor.

—¡No tiene patas traseras! —gritó—. ¡Quién lo hubiera dicho! ¡Un conejo sin patas traseras! —Y comenzó a reír.

—¡Sí que las tengo! —exclamó Velveteen—. ¡Tengo patas traseras! ¡Estoy sentado sobre ellas!

—Entonces estíralas y muéstralas, así —dijo el conejo silvestre. Y comenzó a dar vueltas y a bailar hasta que el conejito se mareó.

—No me gusta bailar —dijo—. Prefiero quedarme sentado.

Pero, en realidad, todo ese tiempo estuvo deseando bailar, ya que un cosquilleo nuevo le recorría el cuerpo y sentía que daría cualquier cosa por poder saltar como lo hacían los otros.

El conejo raro frenó y se le acercó hasta peinar con los bigotes la oreja del conejito de pana. La nariz se le frunció de pronto, las orejas se le aplanaron y dio un salto para atrás.

—¡Huele horrible! —exclamó—. ¡No es un conejo! ¡No es real!

—¡Sí que lo soy! —dijo Velveteen—. ¡Soy real! ¡El niño lo dijo! —Y casi se puso a llorar.

Justo en ese momento, se oyeron unas pisadas y el niño pasó corriendo cerca de ellos. Los conejos silvestres se esfumaron, las patas dando golpes por el suelo y las colas blancas volando.

—¡Vuelvan! ¡Jueguen conmigo! —los llamó—. ¡Ay, vuelvan! ¡Yo sé que soy real!

Pero no hubo respuesta; solo lo acompañaban las hormigas que iban y venían y los helechos que se balanceaban por donde habían pasado los dos extraños. El conejito de pana se quedó solo.

«¡Oh, no! ¿Por qué se fueron así? ¿No podían quedarse y hablar conmigo?», pensó.

Permaneció quieto mirando los helechos durante un largo tiempo y deseando que regresaran, pero no lo hicieron. Llegó un momento en que el sol se escondió todavía más y las pequeñas polillas blancas comenzaron a aletear a su alrededor, y un instante después el niño volvió y lo llevó a casa.

Las semanas pasaron y el conejito se volvió viejo y gastado, pero el niño lo amaba igual. Tal era su amor que con besos le borró los bigotes, el rosa de las orejas se convirtió en gris y las manchas marrones perdieron su color. Incluso comenzó a deformarse y apenas se parecía a un conejo, aunque sí lo era para el niño. Para él era hermoso siempre y eso era lo único que al conejito le importaba. No le preocupaba lo que otros opinaran, porque la magia de los juguetes lo había convertido en real y, cuando uno es real, no le importa si está andrajoso o no.

Y después, un día, el niño enfermó. La cara se le enrojeció y hablaba en sueños, y cuando abrazaba al conejito, lo quemaba con su pequeño cuerpo. Unos hombres extraños iban y venían, y la luz quedaba encendida durante toda la noche. Mientras tanto, el conejito de pana permanecía escondido bajo las sábanas, inmóvil por temor a ser descubierto y llevado lejos. Sabía que el niño lo necesitaba.

Fueron días duros. El niño estaba demasiado cansado para jugar y al conejito le resultaba tedioso no tener nada que hacer durante todo el día. Sin embargo, se acurrucaba pacientemente, esperando el momento en que el niño pudiera volver a jugar con él en el jardín entre las flores y las mariposas, y en los matorrales de frambuesas. Ideaba planes fascinantes y, cuando el niño estaba recostado y medio dormido, se los susurraba al oído. Cuando la fiebre finalmente bajó, el niño se sintió mejor y pudo sentarse en la cama, mientras el conejito se acurrucaba a su lado. Y un día, el pequeño pudo levantarse y vestirse.

Era una mañana brillante y soleada, y las ventanas estaban completamente abiertas. Al niño lo habían llevado al balcón envuelto en una manta, y Velveteen quedó enredado entre las sábanas, pensando.

Irían a la playa al día siguiente. Ya estaba todo arreglado y solo restaba seguir las indicaciones del médico. Mientras el conejito seguía oculto bajo las sábanas, solo asomando la cabeza, escuchaba la conversación. Debían desinfectar la habitación y quemar todos los libros y juguetes con los que el niño había jugado en la cama.

«¡Hurra! ¡Mañana iremos a la playa!», pensó Velveteen. Su amigo le había hablado mucho de ella y estaba ansioso por conocer las olas inmensas, los pequeños cangrejos y los castillos de arena.

Justo en ese momento, Nana lo vio.

—¿Y este conejo viejo? —preguntó.

—¿Ese? —dijo el doctor—. Es una montaña de gérmenes de escarlatina. Quemen eso ya mismo y denle un juguete nuevo. No puede tenerlo más.

Entonces metieron al conejito de pana en una bolsa junto a los viejos libros ilustrados y más trastos, y lo depositaron al fondo del jardín, cerca del corral de las gallinas. Era el sitio perfecto para un fogón, pero el jardinero estaba muy ocupado: tenía que cosechar las papas y recoger las arvejas. Sin embargo, prometió que al día siguiente se encargaría de todo.

Esa noche, el niño durmió en otra habitación, abrazando a un conejito nuevo. Era magnífico, todo de felpa blanca y ojos de vidrio de verdad, pero el niño apenas le prestaba atención. Estaba demasiado emocionado por la idea de ir a la playa al día siguiente.

Mientras el niño soñaba con el mar y las olas, Velveteen yacía entre los viejos libros al fondo del jardín, junto al gallinero, sintiéndose desamparado. La bolsa se había desatado un poco, y después de un esfuerzo logró sacar la cabeza y mirar alrededor. Temblaba, no solo por la novedad del suelo frío, sino también por el desgaste de su pelaje, ya casi inexistente debido a los innumerables abrazos que había recibido. Desde allí, podía ver los matorrales de frambuesas que crecían como si fueran una selva tropical y en cuya sombra había jugado con el niño en épocas pasadas.

Recordó las largas horas en que el sol brillaba en el jardín, y una tristeza inmensa lo inundó. ¡Qué tiempos tan felices habían compartido! Las imágenes de esos días dorados desfilaron ante él: las cabañas de hadas en el cantero, las noches silenciosas en el bosque entre los helechos, y aquel día maravilloso en que descubrió que era real. Pensó en Skin Horse, en sus sabias palabras y en todo lo que le había enseñado. ¿De qué servía ser amado y real si todo terminaba así? Y una lágrima, una verdadera lágrima, se deslizó por su desgastada nariz de pana y cayó al suelo.

Entonces ocurrió algo extraño: donde la lágrima de Velveteen tocó la tierra, creció una flor. Una flor misteriosa, única en el jardín. Sus hojas eran del color de las esmeraldas y su centro parecía una copa dorada. Era tan hermosa que el conejito se olvidó de sus penas y no hizo más que quedarse mirándola. La flor se abrió y de ella emergió un hada.

Era el hada más hermosa del mundo entero. Su vestido estaba hecho de perlas y gotas de rocío, llevaba flores en el cuello y en el cabello, y su rostro era tan perfecto como la flor más perfecta de todas. Con delicadeza, el hada tomó a Velveteen en sus brazos y le dio un beso en la húmeda nariz de pana, todavía marcada por la lágrima.

—Conejito —dijo el hada—, ¿sabes quién soy?

Velveteen la miró y sintió que ya conocía ese rostro, pero no recordaba de dónde.

—Soy el hada de la magia de los juguetes. Cuido a todos los muñecos que los niños han amado. Cuando ya no los quieren porque están viejos y gastados, vengo por ellos para darles vida.

—¿Pero no era real ya? —preguntó Velveteen.

—Lo eras para el niño —respondió el hada—, porque él te amaba. Ahora serás real para todos.

Con firmeza, el hada lo tomó en brazos y volaron hacia el bosque. La luna iluminaba el lugar, haciendo que las hojas de los helechos brillaran como plata escarchada. En un claro entre los árboles, los conejos salvajes hacían bailar sus sombras sobre el césped de terciopelo, pero cuando vieron al hada, frenaron, se acercaron corriendo y formaron un círculo a su alrededor con la mirada fija en ella.

—Les he traído un nuevo amigo —anunció el hada—. ¡Sean amables y enséñenle todo sobre el mundo de los conejos porque vivirá con ustedes para siempre! —Después, le dio otro beso al conejito y lo dejó en el pasto—. Ve a correr y a jugar, conejito.

Pero Velveteen se quedó quieto. Recordó que no tenía patas traseras y no quería que los demás lo vieran así. Sin embargo, algo había cambiado. Cuando el hada lo besó por última vez, lo transformó. Al picarle la nariz, descubrió que ahora tenía patas traseras y un pelaje marrón suave y brillante. Emocionado, saltó y corrió con los demás conejos, tan feliz que cuando se detuvo para buscar al hada, ya se había ido.

Velveteen era real al fin y estaba en casa con los demás conejos.

El otoño y el invierno habían pasado, y con la llegada de la primavera y sus días cálidos y soleados, el niño salió a jugar al bosque vecino. Mientras correteaba entre los árboles y los helechos, dos conejitos se acercaron sigilosamente y lo espiaron. Uno era de un marrón suave y el otro tenía marcas curiosas en la piel, como motas que se habían desvanecido pero aún dejaban una huella. Los ojos negros y la nariz le parecían extrañamente familiares.

El niño se detuvo y pensó: «¡Ay! ¡Este conejito se parece mucho al que perdí cuando tuve escarlatina!».

Lo que el niño no sabía era que, en realidad, ese conejito era el mismo que había compartido tantos momentos con él, el que había sido transformado en real gracias a su amor.